AF347381

L'ASILE MARITIME DE BERCK

et les Portraits de ses Pensionnaires

PEINTS PAR

M. FRANCIS TATTEGRAIN

Émile DELIGNIÈRES

L'ASILE MARITIME DE BERCK

et les Portraits de ses Pensionnaires

PEINTS PAR

M. FRANCIS TATTEGRAIN

MONTREUIL-SUR-MER

Imprimerie Charles DELAMBRE

1904

L'ASILE MARITIME DE BERCK

et les Portraits de ses Pensionnaires

PEINTS PAR

M. FRANCIS TATTEGRAIN

Notre artiste picard, à qui était décernée la grande médaille au Salon de 1899 pour l'*Exode* (Prise de Saint-Quentin), si hardie et si fougueuse, est un homme d'autant de cœur que de talent. On connaît aussi sa modestie, et c'est en dehors de lui que nous tenons à faire connaître plusieurs de ses œuvres, restées, croyons-nous, presque ignorées ; il a fallu un heureux hasard pour nous en donner la révélation, mais un artiste appartient au public par toutes ses productions, et nous signalons celles-ci d'autant plus volontiers qu'elles montrent le talent de Tattegrain sous un jour intime et particulier, dans un genre alerte, primesautier et trop peu connu.

Ce sont les portraits, tous très ressemblants, des vieillards recueillis par charité, à Berck, dans un asile ; on trouve là des types bien curieux, bien locaux, et dont la réunion forme, dans le parloir de l'établissement, un petit

musée fort intéressant, qui n'est visité que par quelques
intimes.

Francis Tattegrain a son chalet et son atelier sur cette
immense plage qui, par sa situation exceptionnelle, et grâce
à la science des docteurs Perrochaud et Cazin, de regrettée
mémoire, dont l'œuvre, continuée avec succès par les
docteurs Calot, Ménars, Pierre, Grosjean et d'autres, a rendu
la santé à tant et tant de malades. Le grand artiste, connu
et aimé de tous les pêcheurs, s'est intéressé à un asile
fondé en 1888 par des âmes généreuses pour y recueillir
des miséreux de l'un et de l'autre sexe. Cet établissement,
reconnu d'utilité publique en 1895, est une œuvre d'initiative privée et de charité publique ; parmi les personnes
qui l'ont créé et qui le soutiennent, il faut citer particulièrement M. Lavoisier, qui en a eu l'initiative ; il a été puis-
samment secondé par Mme la baronne James de Rothschild,
qu'on trouve toujours quand il y a des infortunes à secou-
rir, et aussi par bien d'autres notabilités de la plage. Grâce
à leur intervention féconde dans ses résultats, cet asile
est aujourd'hui en pleine prospérité ; il compte, actuelle-
ment, vingt-deux pensionnaires, et il pourrait en contenir
davantage. Ces braves gens, pour la plupart, ainsi tirés de
l'abandon et de la misère, sont l'objet des soins les plus
intelligents et les plus attentifs de la part d'un personnel
dont on ne saurait trop louer le dévouement. En 1901, la
directrice recevait des mains de M. le Préfet du Pas-de-
Calais, au nom du Ministre de l'Intérieur, une médaille
d'honneur pour ses longs et pénibles services, tant au
grand Hôpital Maritime qu'à l'Asile.

Francis Tattegrain, après s'être particulièrement intéressé à la genèse de l'œuvre, est, depuis 1891, président
du conseil d'administration. Tout en prenant sa large part
dans la gestion de l'Asile, attendri au contact de ces bons
vieux, il a eu l'heureuse pensée de conserver leur souvenir

en fixant leurs traits avec la facilité et le talent qu'on lui connaît. Et ce ne sont pas là, comme on pourrait le croire, de simples esquisses brossées rapidement et à la légère ; chacune de ces figures a été traitée avec soin et sous son aspect souvent bien original. On ne s'en étonnera pas, car on connaît toute la conscience de l'artiste dans ses moindres productions ; il est certains de ces portraits qui sont de véritables œuvres.

Il y a, d'abord, celui de M. Lavoisier, vice-président-secrétaire, à qui l'on a réservé, et c'était justice, la meilleure place au-dessus de la cheminée ; signalons en passant une excellente photographie de la présidente d'honneur, Mme la baronne James de Rothschild, et une autre, celle-là trop modeste, de l'artiste, promoteur et créateur de cette petite galerie.

On y trouve, sur le côté, contre une grande paroi bien éclairée, la grande esquisse au fusain, *Les Quêteuses de l'Asile*, (hauteur 1 m. 40, largeur 2 mètres) dont la toile a été exposée au Salon de 1895 ; elle appartient maintenant au musée de Calais : un bateau vient d'atterrir sur la grève pour y débarquer le poisson ; les marins qui le montent n'oublient pas l'Asile, et l'une des préposées vient recevoir sa « part de pêche » qu'une petite voiture à âne attend à côté. En donnant son esquisse à la maison hospitalière où elle est si bien à sa place, le peintre picard a voulu rendre hommage aux braves pêcheurs de Berck qui font largement la part du pauvre.

* *
* *

Mais l'intérêt principal du musée se concentre sur les portraits qui entourent ce dessin. On s'arrête d'abord à celui de la femme intelligente et active qui, à la tête des autres préposées, au nombre de cinq, dirige toute la maison ; puis viennent ceux des pensionnaires anciens et actuels. Ces portraits sont tous de dimensions assez restreintes (hauteur 15 cent., largeur 12 cent.), et ils sont placés par séries de huit et de neuf dans plusieurs cadres plus grands, où ils sont séparés chacun par une petite baguette ; onze se trouvent plus bas dans un cadre en longueur et sur une seule rangée. L'on n'en compte pas moins de *quarante-cinq*, tous de la main du maître, et le nombre augmente chaque année au fur et à mesure des arrivants ; quelques-uns de ces portraits frappent particulièrement l'attention.

On retrouve d'abord une figure au teint pâle, à la peau parcheminée, et dont le profil se dessine nettement sur un ciel clair ; c'est celle du *Pêcheur à la fouène,* un nommé Pierre Eté, du beau tableau qui, après avoir figuré au Salon de 1890 où il fut très remarqué, a été donné par l'auteur en 1892 au musée d'Amiens. Cet homme était bien connu sur la plage de Berck, comme se livrant à ce genre de pêche très pénible qui se fait à mi-corps dans l'eau ; il était, faut-il le dire, un buveur endurci, et il se vantait, suivant son expression, d'avoir bu à lui seul assez d'eau-de-vie « pour faire marcher un navire à trois mâts ! » ; aussi est-il mort complètement alcoolisé et ne mangeant plus.

Un autre type non moins curieux est celui de Joseph Baillet, dit *Jean Bét',* qui, démentant son surnom ou sobriquet (surpiquet en picard), apparaît de face sous son bonnet berckois, fumant crânement sa pipe, les yeux vifs, l'air intelligent, un peu railleur ; ce portrait est superbe, la figure semble sortir du cadre. Plus loin, et pouvant lui être comparé par son intensité de vie, est celui d'une bonne vieille, la femme Deparis, dite *Grin-mère Firmin,* le visage encadré par un grand mouchoir blanc qui fait ressortir son teint bistré sous le hâle ; avec ses yeux à l'expression

Joseph Baillet, dit *Jean Bêt'.*

Phototypie Berthaud, Paris

malicieuse et ses lèvres minces aux commissures sillonnées de petites rides, elle est parlante. Ailleurs, on trouve son mari, dit *Ch'tiot Firmin,* âgé de quatre-vingt-quatre ans ; on a plaisir à voir dans l'Asile ces deux bons vieux, tout heureux d'être ensemble, après cinquante-sept ans de vie commune ! la femme, âgée de quatre-vingt-huit ans, au bras de son époux, et se soutenant de l'autre côté sur son bâton. A côté, un autre vieux, Fasquel, dit *Ch'Manier,* quatre-vingt-neuf ans, à la lèvre inférieure tombante, laisse voir une dent unique, menaçante ; les poils de sa barbe hirsute et datant d'au moins quinze jours sont détaillés avec une merveilleuse finesse ; puis, c'est Macquet, dit *Père Bâton,* un ancien marin à la figure fine et intelligente, mort à quatre-vingt-seize ans.

Plus haut, une femme, la veuve Lamour, dite *Collier noir,* quatre-vingt-neuf ans, aux yeux fixes, hagards, mauvais, est représentée dans un réalisme saisissant, affalée dans un grand fauteuil. D'autres femmes sont plus avenantes, comme Marguerite Beauchamp, dite *Jolie fille,* fort laide par parenthèse ; Scholastique, dite *Ch'Rintière* (rentière), au rire idiot, béat ; la veuve Baillet, dite *Ch'tiote Adèle* et appelée aussi *la Mère Tempête,* représentée là toute proprette, au teint clair. A son entrée à l'Asile, et d'après un premier portrait, cette femme était d'un aspect vraiment répugnant, la figure couverte d'un masque de crasse, la tête rongée de vermine sous ses cheveux en broussailles tombant sous des yeux perçants ; en artiste épris de tout, le beau et le laid, et qui veut et qui sait tout peindre, Francis Tattegrain l'a prise alors, et rien de plus étrange que cette tête de mégère ; ce portrait, première édition, figure dans le cabinet de M. Lavoisier, l'amateur berckois, chez lequel on voit des peintures du maître, et d'autres œuvres d'art.

A mentionner encore, dans le parloir de l'Asile, le

portrait de la femme Dubois, dite *Turine* (Saturine), montrant sa bouche édentée, entr'ouverte, et vous regardant de ses yeux tout émerillonnés et avec un large sourire ; Caroline Baillet, dite *Vinaigre*, complètement tombée en enfance ; cette pauvre femme, âgée de soixante-seize ans, avait eu quatorze enfants, et, dans ses dernières années, elle jouait avec une poupée qu'elle dorlotait avec tendresse.

On trouve bien d'autres types non moins curieux ; nous ne saurions les mentionner tous. Signalons toutefois pour finir, parmi les hommes, le *Fiu de Ch'Pichard*, soixante-huit ans, coiffé d'un bonnet de loutre, la tête baissée, le nez rougi par l'abus de l'alcool ; Sagnier, dit *Broutt Broutt*, dont la figure vivante, on peut dire, sous sa casquette à oreillettes, vous regarde bien en face ; un vieux loup de mer Bouville (François), dit *Ch'tiot frère Dardouille*, la face bronzée par les embruns, à l'air intelligent et résolu. Puis encore, c'est la figure fine et d'une certaine distinction d'un ancien ébéniste nommé Vincent, mort aujourd'hui, qui avait connu des jours meilleurs et que l'adversité avait fait admettre dans ce lieu de retraite ; on y voit aussi un vieux marin de l'Etat, Maxime Moitier, portant la médaille de Crimée. Ailleurs, enfin, un aveugle, Louvel, dit *Michel Gueugueux*, aujourd'hui décédé ; il est là, la casquette enfoncée sur les oreilles, la tête baissée, vu de profil, fumant sa pipe, sa seule distraction peut-être, avec une sorte de sensualité mélancolique.

N'oublions pas non plus un bon vieillard dont la grande barbe blanche le faisait désigner pour jouer tous les ans le rôle de saint Nicolas à la fête de ce nom. C'était un ancien patron de bateau, le fils d'un instituteur, un lettré et... un poète. Il s'appelait *Grouzillat ;* il formait un type unique à l'asile où il était précieux pour recevoir les grands personnages et « leur-z-y faire » des compliments pleins de saveur. On regrette encore sa mort.

Femme *Deparis*, dite *Grin-mère Firmin*.

Phototypie Berthaud, Paris

*
**

Il semble que toutes les épaves de l'humanité soient là réunies. Francis Tattegrain les a fixées avec une justesse de ton et d'observation très remarquable ; chaque type est pris sur le vif, dans sa réalité parfois saisissante. Du reste, si l'on veut juger de la ressemblance, il suffit de parcourir les locaux et l'on sera charmé de la bonne tenue de cette maison hospitalière ; tous les pensionnaires paraissent contents de se livrer à quelques occupations, selon leurs forces et leur aptitude ; les uns, hommes et femmes, faisant du filet, d'autres travaillant au jardin. Ces bonnes gens, pour le plus grand nombre, sont arrivés à l'Asile dans un état de saleté repoussante, et maintenant ils sont là, bien soignés, bien traités, bien nourris, ce qui leur paraît bon en comparaison du passé ; ils ont tous les jours, savez-vous bien, la tasse de café qui leur tenait tant au cœur, sans oublier le petit verre, (la goutte, comme ils disent), dont plusieurs dans leur dur métier ont tant usé et même abusé. L'établissement est grand ; la cuisine, toute propre, aux ustensiles luisants, semble donner appétit ; les lits, confortables et aux draps bien blancs, vous inviteraient presque au sommeil. Puis, salle de bain, buanderie, fumoir (pièce indispensable pour les hommes) et d'autres locaux, rien n'y manque. Il n'est pas jusqu'à la vache *Calipette* et aussi *Mouton* à cause de sa douceur, au poil soigné et luisant, bien entretenue par son conducteur et ami Baptiste Villain, dit *Zinc*, un garçon pauvre d'esprit dont on voit aussi le portrait, qui ne semble vous offrir son lait ; sans oublier enfin le petit âne, *Papillon*, employé au jardin et aussi aux collectes en nature, conduit par Raymond. On s'intéresse bientôt à cette maison qui ne vit, pour ainsi dire, que de la charité privée, et la bourse s'ouvre large quand on passe devant le tronc disposé à cet effet dans le vestibule ; jamais offrande n'aura été si bien placée et mieux accueillie.

Que tous ceux, et ils sont nombreux dans la bonne saison, qui vont, soit par raison de santé, soit par pur agrément, se retremper sur l'immense plage de Berck, aillent voir à l'Asile Maritime le petit musée créé par Francis Tattegrain. Ils y seront bien accueillis, et ils passeront là un de ces moments qui restent gravés dans la mémoire ; enfin et surtout, il nous plaît de le répéter, ils pourront, en rendant hommage aux qualités du cœur de notre grand artiste picard, admirer sous un jour particulier et assurément peu banal toute la finesse de son esprit observateur et toutes les ressources de son beau talent.

www.ingramcontent.com/pod-product-compliance
Lightning Source LLC
LaVergne TN
LVHW010818180726
843502LV00009B/3404